어머니, 가벼워서 업지 못해요

심지시선 040

어머니, 가벼워서 업지 못해요

2018년 10월 20일 초판 1쇄 발행

지은이 반영동
펴낸이 윤영진
편 집 함순례
디자인 한천규
펴낸곳 도서출판 심지
등록 제2003-000014호
주소 34570 대전광역시 동구 대전천북로 12
전화 042 635 9942
팩스 042 635 9941
전자우편 simji42@hanmail.net

ISBN 978-89-6627-160-3 03810

* 이 책은 충북 문화재단으로부터 발간비 일부를 지원 받았습니다.

심지시선040

어머니, 가벼워서 업지 못해요

반영동 시집

심지

□ 시인의 말

세 번째 시집을 낸다

기다리던 손자가
태어난 해에 출간하니
어쩐지
기분이 좋다

누구나 보고 싶고
안아보고 싶은 옥동자로 태어났으면
좋겠다

시의 눈이 있는
옥동자면
더 좋겠다

2018년 10월
石心 반 영 동

차례

제3부 편식

제4부 달을 마신다

제1부
가족 냄새

옹이

손 끝 놓친 셋째 자식
어머니 가슴에
옹이로 박혀

단단한 뼛속 무덤
한때 그 자리
꽃자리였지

죽은 자식 놓지 못해
차돌로 박혀

누구에게
그늘 한번 펴보지도 못한 채

어미 가슴 열지 못해
군살 깊이 박혀있다

일곱 살 감나무

솜털 마른지
얼마나 지났다고

자식 욕심에 눈이 멀어
담장 밖으로 내친 자식
오가는 길손에
이마 성한 날 없다

여름 내내
붉은 애정 밤낮을 모르더니
만월에 만삭이라
주렁주렁 자식 자랑
어미 팔뚝 부러질라

그래도
늦가을 서리에
홍시 감 붉어지면
어금니 없는 영월 댁 할머니

〉

터질 듯 홍시 감

서너 알 더 드리고 싶다

가족 냄새

아들이 먹던 숟가락으로
밥을 먹다보면
제 어미 마른 젖 물어 흔들던
젖꼭지 비린내가 난다

아내가 먹던 숟가락으로
밥을 먹다보면
어제 먹다 남긴
찬밥 냄새가 난다

아버지가 먹던 숟가락으로
밥을 먹다보면
어금니 빠진 잇몸자리에서
미끌 대던 보리밥알 냄새가 난다

어머니가 먹던 숟가락으로
밥을 먹다보면
골방에 묻혀 사시던
시큼한 곰팡이 냄새가 난다

옹달샘

산골짝 실개천
한 올 한 올
한 매듭짓고

산새 소리
산꿩 울음 .
찰랑찰랑 담아 울다가

고향 샘물
항아리 담아 운다
그리워 운다

육거리 시장

할머니 할아버지 곰삭은 세월 묻혀 사는 육거리 시장

호죽리 금촌댁 태양고추 열댓 근 머리에 이고
소전리 김 씨 서리태 서 말가웃 오토바이 싣고
오동리 여든한 살 박영감 싸리비 열 자루 시내버스 타고
까치말 외딴집 천서방 마늘 서너 접 등짐 지고
가막골, 참새미뜰, 호미골, 까치내, 능머루…사람들
모두 모두 신토불이 우쭐대며 모여들었다

잘난 놈은 잘난 대로 못난 놈은 못난 대로
제 자랑에 몸값 오르락내리락
저울 눈금 빡빡하게 홍정 맞서다
농촌 인심 한 움큼 덤으로 주고 나면
에누리 없이 제값 받았다고 좋아하는
서당말 양촌댁

홍정 소리 거칠어도 오가는 정 뜨겁게
아랫목 같은 곳

누구나 모여들면 이웃사촌
볼일 없이 찾아도 정들어 가는 곳

당신은 이미 나에게

봄바람 분다고
흔들리지 마세요
당신은 이미 나에게
흔들리고 있잖아요

봄바람 분다고
손 내밀지 마세요
당신은 이미 나에게
두 손 잡혀 있잖아요

봄바람 분다고
입술 내밀지 마세요
당신은 이미 내
입술에 물들어 있잖아요

봄바람 분다고
돌아서지 마세요
당신은 이미 내
등에 기대여 있잖아요

고향 빈집

고향에 찾아가도
반기는 사람 하나 없이

거미는 허락도 없이
제 집처럼 살아가고

대문 문지방엔
할아버지 무명 그림자
산까치가 물고 갔다

골담초 마당가 우물물에
찰랑찰랑 울던 달
할머니 빈 젖가슴
허망하기만 하다

뒤뜰에
입맛 잃은 장독 하나
섬처럼 외롭다

佛名

불명을 받고 부처님을 한 손으로 모시기에는 너무 가볍다 가슴 깊이 모시기에는 골이 깊다 無勝의 답을 찾으려 만세 부르는 법보다 박수쳐 주는 일을 더 기뻐하고 있다 1000배를 하고도 흔들리는 마음 여전하다 법당 문을 나서니 바람이 나무 머리채를 잡고 코가 땅에 닿도록 흔든다 나무도 제 허리가 부러지도록 죽기 살기 바람에 대들고 있다 스침도 인연이거늘 나는 누가 잘못이냐 물어보지 않았다

알지 못했네

침묵으로 말하기 전에는
내 언어가 시끄러운 줄 알지 못했네

맑은 물에 손을 씻기 전에는
내 게으름을 알지 못했네

고장 난 시계를 보기 전에는
어제의 무의미를 알지 못했네

문을 닫기 전에는
내가 너에게 갇힌 줄 알지 못했네

개미 일기예보

멀쩡한 하늘에
개미들 비 온다고
비설거지 한창이다

개미는
빛을 비로
읽는 법을 아는가 보다

사시사철
일기예보 익혀 살다가
허리 무릎 휜 사람들

무릎 속에 개미
몇 마리씩 키우며 산다

동쪽 하늘 먹구름에
할머니 무릎 속 개미들
〉

일기예보 발령

"애야, 비 온단다. 빨래 걷고
장독 덮어라"

촛불 집회

— 네 뜻이 하늘이라면

너 하나만의 욕심이 아니라면
무릎 꿇지 말고 무릎을 꿇려라

침묵일지라도 소리를 질러라
저들은 하늘을 어기며 채널을 바꾸고
대화도 끊고 신문도 찢었다

바람이 불어도, 손목이 부러지도록
촛불을 밝혀라

양심이 보일 때까지 손톱이 빠지도록,
네 가슴을 꼬집어라
그래도 아프면
두 발로 땅을 굴러라
지축이 흔들려 꽃이 필 때까지
꼼짝도 하지 마라

그래도 아니면

하늘을 불러 모아
하루를 천년처럼 기다려라

희망이 밥이라면 수저도 던지고
맨발로 뛰어라

한 손이 안 되면 두 손으로
방패가 안 되면 창으로
네 창자를 뚫어라

천년을 비워 온
부처님처럼

세월호
— 네 뜻이 하늘이라면

차라리 물고기라면 세월호 어둠쯤이야
죽음으로 말하지 않았을 것이다

마지막 이별인 줄도 모르고 걱정 말고 타라고 하기에
세월 지난 세월호에 올라 가만히 있으라고 하기에
죽음까지 기다린 것은 하늘의 뜻이 아니거늘
어이해, 뛰어내려라 가쁜 숨소리 한번 없었단 말인가

죽음을 이유로 말하는 자
더 이상 고개를 들지 말라 하는가

치유할 수 없는 깊은 상처는
높은 파도가 아니라 용서 받지 못할 당신들의 단단한 주먹이다

삼킨 울음으로
슬픈 시를 지어 노래하라
그리고

노란 깃발 흔들어라

영문도 모른 채 두려움에 떨고 있는 그들에게
왜 당신들은 뒤통수만 보였단 말입니까
부러진 날개라도
날갯짓 한번 해보라고
말 한 마디 못 했습니까

모두가 침묵하며
다섯 달이 지나도록
맨발로 서서 누구의 목소리를 들으란 말입니까

얼굴마저 몰라 볼 죽음 앞에 지워지지 않는 기억으로
지새우는 불면의 밤

팽목항이 일어서려면 아직도 멀기만 한가

아내 그림자

나는 퇴직하고 나서
아내가 차려주는 하루 세끼
꼬박꼬박 찾아먹는 三食이
반찬 투정 없이 먹어도
칭찬 한번 듣지 못 한다

오늘은 자장면 3,000원에
二食이가 되었다
아내가 좋아할까
콧노래 불러가며 집으로 오니
아내는 아픈 허리 소파에 기대어
낮잠 들었다
시든 배춧잎 같이 축 처진 어깨위로
명주실 같은 숨소리 새나온다
아내가 깨어날까
발끝으로 살금살금
내 방에 들어갔다
〉

그러나
아내 그림자 밟은
까치발은 시리다

받아쓰기

잘난 시인이 부르는 말
받아쓸 줄 몰라

몽당연필 눈동자에
모서리와 모퉁이가 부딪혀
당과 땅이 갈라지면

지우개 발바닥에
어스름이 어슬렁거리다
그리움은 그림자만 남긴다

연필 쥐었던
손가락으로 머리를 빗다보면
결 따라 살아야 길이 보인다

기러기는 제 이름
앞뒤도 몰라보고
꽁(꿩)에 꽁무니를 따라 나선다

유언

입술로 찍은 마침표

끝이 아니라 끈이라는 그 말씀

나는 어디부터 이어 갈까요

깡보리밥 도시락

보리밥도 허리 졸라매고 먹던 시절
도시락 뚜껑 반쯤 열고 친구들 눈치 보아가며 먹던
깡 보리밥, 감춰가며 먹느냐는 친구들 애정 어린 눈빛에도
줘도 먹지 않을 그 밥 눈물 말아 먹었습니다

오늘은
흰 쌀밥 같은 내 자식
보리 방구 붕붕 달리기 1등을 했다고
보리밥이 쌀밥을 이겼다고
어머니 손뼉 치며 좋아하실까

칠월 칠석 아버지 생신날
흰 쌀밥 도시락 활짝 열고
보란 듯 수저 높여 먹어도
일 년을 또 기다려야 하는
낯선 쌀밥에
먹어도 배부른 줄 몰랐습니다

제2부
어머니의 시

어머니 입맛

자식들 입맛 돌아설까
옹이 박힌 손으로
소금밭 일구시다

며느리 입맛 맞춰
자식마음 헤아려
눈물 짜다 한마디 못하시고
며느리 속마음까지 간을 맞추다
당신 입맛 버린 지 오래다

두레상 간장종지
온 가족 입맛 따라
간장 된장 익어 가면
여름 장마 장독 구더기
제 살을 파먹어도
입 안 가득 고여 오는
어머니 입맛

땀꽃

비탈밭 매시는
울 엄마
오금 저려
밭고랑에 심는 꽃

비탈고개 넘는
울 아버지
지게 등짐 붉게
어깻죽지
피는 꽃

호미 끝에 피는 꽃
삽날 세워 심는 꽃

산딸기

산딸기한테
어머니가 보고 싶다
말을 했더니

아직도
제 입술 기억하고 계시는지

파란 옷고름 풀어 헤쳐
내 이빨자국 선명한
빨간 젖꼭지를 보여 주네요

유월 가뭄
마른 젖 물어
흔들던 자리
아직도
붉게 물들어 있어요

어머니, 가벼워서 업지 못해요

자식들과 부딪칠까
경로당 내 집처럼
눈길 멀리 하시던 어머니
그 마음 미워도 돌아설 수 없습니다

소낙비 주룩주룩
수수깡 같은 어머니 장맛비에 떠나려 가실까
경로당 가신 어머니 빗길 마중 나섰다가
'아직은 아니다, 아니다' 하시는
어머니 달래 업고 몇 발자국 걸어오다가
업혔는지 나도 몰라
'어머니, 어머니' 불러 봅니다

숨소리마저 무게일까
'이제, 됐다 됐다'
자꾸만 내려 달라 하시는데
기르신 정 어이하랴,
업힌 등 한 발자국도 짐이라 하시는데

〉

아직 어머님 백 냥도 못 되면서
자식들에게 천냥 만냥 짐이 될까
목에 감은 손 풀어 등에서 내린 발끝 땅 깊이 짚으시는데
차라리 등 바꿔 어머니 마음 달래보고 싶네요

몇 년 전 칠순 잔치
장구춤 덩실덩실
어머니 무거워 추석거리는 열 손가락 헤아리며
엄마 똥개 무겁다던 웃음 장단 어이 하시고
그 짧은 세월마저 누가 업어 갔단 말입니까
하늘은 가벼워서 업을 수가 없다던 어머님, 그립습니다

어머니의 시

어머니 말씀마다
꽃들이 톡톡 튀어 나오지요

어머니는 꽃이 피기 전에

송아지가 울면
어미 소를 그리시고
아카시아가 피면
꿀벌을 그리셨습니다

잡초는 칭찬 한번 없이도
꽃만 잘 피운다 하시면서

시가 안 써지면
온몸 뜨거워질 때까지
느낌씨로 문질러 보라 하셨습니다

그래도 시가 안 되면

황진이, 김소월 시 속으로 들어가
종달새 한 마리
길러 보라 하셨지요

쌀 한 줌, 검정 고무신

가난은 죽음보다 더 무섭다 하시며
저녁밥 쌀 두 움큼 덜어 내시고
산나물 들나물 온통 나물밥상에
점심밥 잘 먹어 저녁 생각 없다 하시는
어머니 빈 말씀 귓전으로 들으시며
밥 두어 술 덜어놓으시고 게트림 하시는 아버지
저녁밥 배불러 남기는 줄만 알았습니다

아버지가 남겨 놓으신 밥마저 막내에게 먹이시고
허기진 배꼴로 출렁 웃음 웃으실 적
수채 구멍 울컥 울음 억지로 참았습니다
소리 내어 울지도 못했습니다

쌀 한 되에 검정 고무신 한 켤레
멀쩡한 그 신발 껌정이 부끄럽다고
콧등이 깨지도록 바닥에 문지르며
원망만 했습니다
〉

장맛비 오는 날
검정고무신 빗물 톡톡 털어
찔그덕거리는 철민이 운동화보다
더 가볍게 달려온 세월

아버지 어머니 남겨주신
검정고무신
하얗게, 하얗게
물들여 살았습니다

아내의 숨결

숨쉬기조차 힘들어
수술 날 일주일이나 기다리고 있습니다
오늘 밤도 어둠에 묻혀버리지 못한 신음 소리
새벽닭 울음소리 멀기만 합니다
살아갈 날이 살아온 날보다
짧다 하면서도
올봄에 당신이 심은 감나무
첫 열매 맺으려면 아직도
3년은 더 기다려야 하는데
오늘 하루 사는 것도
감사한 마음으로 살아보지만
사약을 거절할 수 없는 심정으로
밥상을 바라보는 애처로운 눈길
어디 한 곳 입맛 머물지 못해
누렇게 시들어가는 당신 바라만 볼뿐입니다
풀 한 포기 함부로 밟지 않고
살아온 당신에게
죄목 없는 형벌에

별들도 눈물 흘려 울지도 못 합니다
생사를 넘나드는 수술실 앞에서
자식 둘 데리고
8시간이나 기다리고 있습니다
혹시나, 혹시나 하는 마음에
당신이 쥐어준 염주알 묵언기도에
부처님은 당신을 버리지 않았습니다
아픔마저 사랑하며 살아 온 당신 고맙습니다
올 가을 당신과 약속한 단풍 구경 가는 날
심장 더 붉게 물들여 심장소리 쿵쿵 들어 봅시다
사랑합니다, 여보

속울음

밥을 먹다
흘린 밥알 주워 먹다가

아버지 눈물인 줄
미처 몰라서

맨손으로
하늘만 퍼 먹었습니다

여든 일곱

허리 굽은 만큼
세상 굽어 살피시던 어머니

술 한 잔 없이도 어지럽다 하시더니
어제 죽은 강아지 밥 주라 하시더니
큰 손자 작은 손자 이름 바꿔 부르더니
두 손 가득 자식 걱정 빈손이라 하시더니

하늘나라 가신다는 말씀
빈 말씀인 줄 알았는데

오늘 밤 별빛 따라
짝짝이 신발 신으시고
아버지 기일을 찾아
꿈에 본 고향 길
꽃길 만발 하였다네

홍시도 되기 전에

방금 똥 싼 놈
밤새 끙끙대던
막둥이

아픈 놈 또 있을까
이놈 저놈 물어 봐도
이놈이 고놈이고
고놈이 이놈이니
이놈이 이놈이고
고놈이 고놈이지

아, 모두 내 사랑이거늘

내 놈이 네 놈이고
네 놈도 내 놈이지

어머니 털끝 같은 내 사랑
네 놈도 내 놈이고

내 놈은 네 놈이지

홍시도 되기 전에
부러진 넷째 가지
초생달 서럽다

문고리 사랑

그믐 밤 질척거리며
대문 삐꺽 소리로 앞마당에 들어서면
사랑채에서 들려오는
아버지 헛기침 소리

자식 밤길 반기려
방문 반쯤 여시고
눈 마중 하시던 아버지
방문 고리 찾지 못해
더듬거리는 헛손질
그림자만 남긴 채

인기척으로 마중하시던 아버지
자식 나이 마흔도 어리다고
아직도 담 모퉁이 박힌 돌
목침 높여
아버지 손 그림자
어디 가셨나

말대꾸

내가
허풍을 떨면

엄마는
안
봐도
네 속
훤히 보인다
하신다

그러면
나는
엄마
뱃속에서
열 달이나 있었어도
엄마
속
모른다고 한다.

어머니 마음

경로당 가신 어머니 비 마중 길에
소낙비 멈추기만 기다리시던 어머니
속마음 감추시고
마중 온 자식 반기는 기색 하나 없어
돌아오던 길에 어머니 마음 달래볼까
가끔 들리는 막걸리 집에 들려
막걸리 한 병에 두부 한 접시 시켜서 먹었습니다
어머니는 술 한잔 단숨에 비우시고는
"오늘은 유독 막걸리 맛이 좋다" 하시며
내 술잔의 술 몇 모금 더 마시고
너는 네가 좋아하는 두부나 먹으라 하시는
어머니 속내 알고도 모르는척
두부를 먹으려다 목이 메여 울컥 억지로 참았습니다
빗길 미끄러워 등 내밀며 업히시라 하여도
자식 무거울까 뿌리치는 손길에
눈물도 빗물에 감춰 울고 싶어서
우산 접고 비 맞으며 걸어가다가
흐르는 눈물 어머니 가슴 속에 감출 수 없어

소리 내여 울지도 못한 채
꺼억 꺼억,
목구멍에 감춰 울었습니다

6월 가뭄

천심을 땅에 묻고
마른 논 걱정에
손톱조차 함부로 깍지 않으시는 아버지
그 독한 가뭄에도
청개구리울음 참아 우시고

마른번개
속 불만 태우시다

아버지 발뒤꿈치 같은
유월 가뭄
가랫밥 흙먼지에
눈물만 삼키시다

망종이 지나도록
벼 한 포기 심지 못해
줄담배 피워 물고
마른 입술만 태우시네

참나무 골 떡메소리

까막산 참나무
등골 휘어 울던 울음
상처 깊이
폐광으로 남았다

엄마 손 놓아
울던 울음
발끝까지 절여 오면
집 떠나는 자식들
빈 깍지만 남긴 채

도토리 알알이
눈망울 서러워

까막산 까마귀 울음
깍지 담아 운다

제3부
편식

오늘은 명중
— 손자 오는 날

오늘 운세에
토끼 띠
동쪽 귀인을 만난다고 합니다

믿거나 말거나
토끼 귀 쫑긋쫑긋 기다려지는데

토끼 같은 손자가
찾아 왔어요

내일도 명중이면
더 좋겠다

석현아

— 晳炫 100일에 부치는 글

너를
보면 볼수록
네 눈 속 깊이 빠져들어

옹알이
온 가족 웃음 속에
꽃 피우는 날

그 사랑 못 박아
내 가슴 뜨거워지면
네 눈동자에 박힌
할아버지 눈빛마저
너의 찬란한 빛이 되어

맑은 눈빛
고운 심성
알알이 영글어
〉

더 밝게 晳

더 빛나게 炫

이 세상 모두에게

아름다운 빛이

되어다오

내 눈에 혓바닥이 생겼어요

칠순 나이
먹어도, 먹어도
배부른지 모르는데

손자 놈
먹는 것만 바라봐도
내 배가 부르니

내 눈에
이빨이 생겼어요
혓바닥이 생겼어요

손자 사랑

— 반칙으로 얻은 행복

오늘은 다섯 살 손자 놈과 뚝심으로 맞서는 날

하찌 파워(power)하자
오늘은 안 봐 준다
나도…

당기고 밀고 잡고 넘어뜨리고 꼬집고 간질이고 누르고 때리고 차고
당기고 튕기고 안고 걸고 뛰고 꺾고 또 발 걸고…,

넘어지면 일어서고 일어서면 넘어뜨리고 끝없는 연장전에 황소 같은 힘
손자 놈 강약에 장단 맞추다 냄새나는 묵은 입술로
새살 오른 그놈 볼에 은근 슬쩍 뽀뽀를 하다가.
손자에 취한 나는 무조건 항복이다

네 팔뚝 내 팔뚝보다 더 굵다한들
내 어이 서럽다 할까

손자 일기
— 눈 오는 날

눈발 따라
손자 올까

감자 주먹
빨간 벙어리장갑
바라보다가

청솔가지 턱수염 까칠까칠
쓰다듬다가

고구마 두어 개
화롯불에 묻어 놓고

손자가 집에 들어서면
눈 푹푹 쌓여
허리춤이면 좋겠다

편식

손자 밥상
채소 반찬

가시가 박혔나
씀바귀가 숨었나

네 입술에 단비라도 내려
풀밭에 누런 황소
네 입맛으로 비추어

밥그릇마다
우렁찬 황소울음
가득 담아

네 뒷발질에
넘어진들
내 어이
푸른 멍도 아프다 하랴

감전된 사랑

돌 지난 손자
아장아장

두 손
날갯짓
넘어질 듯 날아갈 듯
뒤뚱거리면

할아버지
앉은 자리
엉덩이만 들썩이다

눈동자만
아장아장 따라 가면은

손끝 찌릿찌릿
발끝 옴찔옴찔

제4부
달을 마신다

문장대

바위에 바위가
뿌리 내린 걸 보고

소나무도 배워서
뿌리를 내렸건만

나는 어이하여
말랑말랑한 당신 가슴에
실뿌리도 못 되는가

달을 마신다

달 밝은 밤이면
술잔마다 달빛 가득

마실수록 달디 단 달빛
나눠 마시면

넘치는 술잔 마다
달빛 물결 찰랑거리며

어미 달 제 새끼 내놓으라
춤추는 시나위

아버지
목구멍 넘어가는
저 달빛
목젖은 그대로 보름달

아버지 무릎 베고 누운

달그림자에

내가 시리다

새벽

까치산 새벽 기지개를 켜면
아버지 기침 소리 희다

밥솥 물금 재는
어머니 손등이 희다

나그네 발자국 소리에
개 짖는 소리 희다

닭 울음소리에
교회 종소리도 희다

새벽달 잠투정에
늦잠 든 아가
숨소리 희다

두어 뼘 거리

귓가에 맴도는 모기 소리 들릴까 말까 하는 최대의 거리
콩 꼬투리 터지면서 딱 소리만큼 콩알 날아간 거리
재채기로 튀어 나온 침이 네 얼굴에 닿을까 말까한 거리
할머니의 옛날이야기 다감하게 들을 수 있는 거리
아버지가 지게 지고 언덕배기 오르며 작대기 짚어 가는 거리
젖을 빠는 아가와 젖 먹이는 엄마의 심장 소리가 겹치는 거리

두어 뼘은
사랑을 만질 수 있는
품안의 거리

좋아하는 사람
손 덥석 잡고
사랑을 고백하고 싶은 거리

통념

도리깨를 도깨비로 읽고
자장면을 자장가로 들어도
낯설지 않은 것은 네 귀는 이미
어딘가에 익숙해져 있다는 것이다

말을 한참 배우는 다섯 살배기는
커피와 코피 사이에서 우물거리다
어름과 여름을 서투른 말투로
엄마 왜 냉커피에 여름을 타 먹는 거야
그래도 문맥은 통했다

수평선과 지평선
서로 서로 맞서도 한통속이다

빨래를 빨리 빨리 걷다 보면
빨리도 걷고
빨래도 걷고
〉

마흔 살은 서두르고

다섯 살은 서투르다

눈감고 흔들었네

법주사 가는 길
오리나무 가지 사이
이틀이나 굶은 거미가
거미줄에 빠져들어 발버둥마저 시들어 가는 매미
뜨거운 심장 식기만
기다리고 있습니다

나는
겹치는 눈물에

누구의 생명이 더 소중하다
말할 수 없어

눈 감고
귀 막고
나뭇가지만 흔들었습니다

흔들다, 흔들다

나뭇가지 거칠어진 숨소리에
흔들던 손마저 슬며시 놓고 말았습니다

산 메아리

부르면 대답하지
대답하면 또 부르지

서로 서로 주고받다
뒤통수칠라

산등성이 넘지 못해
배 깔고 누워

배웅하고 나면
돌아서는 사람아

대답하다, 대답하다
해 넘어갈라

이산 저산 부딪쳐
부르튼 입술

손톱 달

약속한 적 없이 만나도
반갑기만 하다

네 얼굴에
어릴 적 내 손톱자국 선명히 남아
네 일기장 훔쳐보지 않아도
너를 기억할 수 있다

네 곁에 복사된 내 마음
매일 저녁 네 얼굴 바꿔 만나도
낯설지 않다

그래도
네 검은 눈썹 곁에 두고
그믐달은 서럽다

지퍼

이빨이 다 닳도록
입 꽉 다물고 살아라

오가는 길
차례차례 말하고
차례차례 듣거라

시작과 만남 분명히 하고
끝나는 시간이면 신발 끈
단단히 매거라

깍짓손
다정히
어긋장 놓지 말고

마음 맞잡아
열린 마음 닫아 주고
닫힌 마음 열어 가며

한 통속으로 살다

이 빠진 징검다리 앉아서
울지를 마라

돌멩이와 들풀

길가
돌멩이 하나
주먹손으로 박혀

무심코 길을 가다
네 놈 발등에 걸려
넘어졌다

넘어트린 놈 웃고
넘어진 놈 울어도

길가 들풀
모난 놈도 제 자식인양
아프지도 않은 돌멩이만
어루만져 준다

나는
발끝보다
마음이 더 아프다

하늘 아래 축복

마이산 산자락 코스모스 아름다워
카메라에 담으려 포커스를 맞추는데
잠자리 신혼부부 알랑대며
뜨거운 사랑 인정해 달라 떼를 쓴다

당길 듯
녹일 듯
요염한 몸짓에
내 눈도 붉다

한해살이 주제에 건방을 떤다고 생각하다가
나도 저렇게 떳떳한 사랑 한번 해 보고 싶다

셔터 소리 찰칵
마음으로 인화되는
사진 한 장
영원히 빛으로 남는다

겨울 비

친정 집 분위기도 모른 채
기별도 없이
찾아오면 어찌하느냐

누가 반긴다고
맨발로 질척질척
눈치 없이 찾아 왔느냐

겨울강
입김
호호

담장 그늘
남은 잔설
눈곱 떼어가려 왔느냐

빨랫줄 그림자

세탁기 물고문에
하얀 반성문 쓰고
빨랫줄에 엎드려
반쯤 남은 눈물을 흘리고 있다

쨍쨍한 햇살에
물구나무 서기 힘들어
기지개 켜다
축 처진 어깨들

빨랫줄 끝자리
보일 듯 말 듯
우리 누나
장미꽃 골짜기에
뱀 기어가듯
속살을 파고드는
검은 그림자

무언

그들이 스스로 말할 때까지

바위에게 몸무게를 묻지 말고
고목에게 나이를 묻지 말라

바람에게 고향을 묻지 말고
산에게 지름길을 묻지 말라

강물에게 깊이를 묻지 말고
잡초에게 이름을 묻지 말라

그들이 스스로 답할 때까지

귀뚜라미에게 노래 곡명을 주지 말고
시든 꽃잎에게 눈웃음치지 말라

허수아비 속 십자가를 믿지 말고
청개구리 울음에 어미 마음 읽지 말라

산골짜기 물

골짜기
돌 틈
꼬부랑길에

너에게 상처를 주지 않으려
나무뿌리
발톱을 들이고

바위는
엉덩이 들썩
물길 비켜 앉는다

옹달샘
소용돌이 몇 바퀴
머리 식혀
고향 생각 남겨두고
길을 나선다

지우개

누군가
잘못 디딘 발자국을
지워 간다

손가락도 좋고
주둥이도 좋고
엉덩이도 좋고
발바닥도 좋고
콧등도 좋다

잘못 디딘 발자국
백지로 돌아서면

또 다시
새로운 마음
골 깊이 새겨간다

시집

골방에 갇혀 2년이 넘도록
허리띠도 풀지 못한
시집 "가로로 부르는 노래"

눈 맞으면 시집갈까
길목 좋은 곳에 미끼로 놓아두었지

어쩌다 시집 못 간 시집
보쌈 하던 사람
파르르 떨던 손
용서도 필요 없소
부끄럽다 아파도 하지마소
그대는 도둑이 아니오

내일은 시도 아닌 시집을 낸
내 양심도 가져가면
어떻겠소

일방적 사랑

뽀송뽀송
보드라운 속살
보면 볼수록 빨고 싶다

나의 童心은
어머니 젖꼭지다

뜨거운 입술에 흐느적거리는 너
빨면 빨수록 커지는 쾌감에
항문 같은 입술은 더 단단해져 간다

네 사랑 점점 시들어도
한번 맛들인 그 짓
쌓인 눈 다 녹을 때까지다

마지막까지 버티던 빳빳한 좆심
어두운 목구멍으로 사라지는 날
아낌없이 주는 사랑도 거기까지다

〉

서서 빨든 앉아서 빨든 조건 없이

네 몸값은 500원에

나만 좋아했지

종은 제 살갗으로 운다

종을 치는 사람은 제가 종소리를 들으려
종을 치지 않는다
그리나
멀리서 종소리를 듣는 사람은
종의 향기를 아는 사람이다
종소리가 마음을 물들이려면
종은 그만큼 더 깊이 울어야 하고
종소리를 더 멀리 보내려면
종의 살갗은 그만큼 더 아파야 한다
종이 제 몸으로 운다는 걸
아는 사람은
종이 아파서 우는 것이 아니라
울어서 아프다 하는 사람이다

제5부
봄비

동백꽃

뭉툭 웃음 한번 웃고
싱겁게 지고 마는

피기는 조심스럽지만
생각 없이 지고 마는

두고두고 울기보단
차라리
한 주먹 울고 마는

한 마당 웃고
한 움큼 우는

불청객

감나무 홍시
말랑말랑 단맛 들었네

만지면 터질 듯
빨대 같은 유혹에

직박구리, 동박새 , 오목눈이
아침 밥상 우르르
모여들면

그 놈들 괘씸해
단단한 돌팔매 들었다가

뼈 속 까지 비워 사는
날갯짓 가벼워

갈비뼈 사이로 비쳐 보이는
팔딱이는 심장 소리에

〉

나도 모르게
주먹 쥔 돌 스르르
내 발등 찍었네

도토리묵

내 고향 참나무골
가을이 오면
도토리 깍지마다
떡매소리 가득하다

흉년이면 더 슬피 운다는
저 성스런 울음에
산새들도 가던 길 비켜
날갯짓 조심스럽다

정 들여 기른 자식
등 떠밀려 가는 소리에
산 메아리도 제 울음으로 울고 만다

깍지 낀 손 놓칠라
어금니 깨물며
도토리묵 한 사발 넋만 남긴 채
말랑말랑해진 네 영혼
누가 달래주려나

낙엽

너는
우주의 파편

네 손톱
빠진 날

진자리 붉어

세월의 무게는
날개를 단다

묵정밭

고향 묵정밭
이랑 따라
절기 따라

서리태 서너 말, 붉은 팥 닷 되 ,흰콩 댓 말, 붉은 고추 열댓 근, 참깨 일곱 되, 들깨 서너 말, 감자 두 포대, 김장 배추 한 접, 토란 한 소쿠리, 고구마 한 통가리, 밭두렁 감 두어 접
온 가족 입술 달고 살던 그 밭
새터말 최 씨에게
쌀 서너 말에 임대를 했는데 어느 해는
가뭄에 씨 값도 못하고
작년 장맛비에는 밭고랑 하나 없어
3년 농사도 못 짓고 포기한 그 밭

온갖 잡초 아카시아 향기에
풀벌레, 날벌레, 땅벌레 모두
꽃잔치 벌여 살아도

한 해 농지세 일만 이천 원

땅 구실도 못하는 그 밭
서울 양반 다녀간 후
헐값이던 묵정밭 금값이라는 소식에
땅 속 두더지 제집 걱정 어이할까나

봄비

봄비 오는 날
나무들
젖 먹이는 소리에
봄이
파랗게 젖는다

봄바람에 손목 잡혀
가지마다
봉긋이
솟는 초록 젖가슴

새순이
뾰족이
세우는
봄의 콧날

오리골 까치집

마루나무 정수리 명당자리

삭정이 같은 불심으로
아들 딸 잘 키워
유학을 보냈는가
고향 인사 떠났는가

동서남북 눈길마다
立春大吉 福집 두고
까치설날 세배
어찌하고 떠나느냐

바람 한 점 머물 수 없어
밤마다 보름달이
소쩍새 울음 그을리는 집

전세 놓고 떠났는가
월세 놓고 떠났는가

밤바다

까맣게 들려오는
파도 소리

어둠을 들을 수 있어
네가 좋다

먹물 밤바다
어둠이 묻지 않아 더 좋다

까만 눈썹에
까만 눈동자

눈 감아
볼 수 있어
좋고

보아도
보이지 않아
좋다

지렁이 유언장

장맛비 그친
마른자리에
먹다 남긴 빈 밥그릇에

육필로 남긴 유서

♒ ♌ ♑ ॐ

한 섬 글도 읽지 못하는
무언의 말씀

竭澤而漁*

진정 네 마음
하늘을 읽는구나

* 竭澤而漁(갈택이어): 연못에 물을 말려서
  물고기를 잡는다

빈 집

빈집인데 빈자리가 없다

거미는 허공 곳곳에
제 살림 차려 놓고
초대장 없는 손님맞이
바쁘기만 하다

잡초들
틈마다
빼곡히
서로서로
살 비비며 살아가고

자나던 바람도
집안 구석구석
요것조것 참견이다

올 가을에도 귀뚜라미

월광 소나타 연주회에
초대 손님 집안 가득할 터

누가 이 많은 주연을 두고
빈집이라 하겠는가

白蓮

제 몸 낮춰
하얗게
비워 살다

측은지심惻隱之心 멀리 두고
스쳐간 인연도 인연이거늘

지우고 새길 인연 모두
티끌인 걸

잡고 갈 수도 없고
놓고 갈 수도 없는
하 많은 스침들

당기다 놓치기엔 너무
먼 당신
연이 아니면 맺지 말라는
하얀 고백

비워준 자리

사과나무 꽃잔치 벌려
생일이 같은 애기사과
오몰오몰 태어나
아는 척 모른 척 서로서로
얼굴 비비며 살아가다

어느 한 놈
떨어져 죽는다고
슬퍼할 일만은 아니다
그렇다고 바람한테 고마워 할 일도 아니다

비운 자리만큼
햇살 가득 차오르면

창백했던 애기사과
얼굴 붉게 생기가 난다

초저녁 여름

서쪽하늘 노을 지면
풀밭 누워 되새김질 하던 어미 소
꼬리 두어 번 갈기질 하고
어슬렁어슬렁 제 새끼 달고
집 찾아 들면

동구 밖 들어서는
아버지 소 꼴지게
보일 듯 말 듯
어둠에 젖는다

마당가 매캐한 모깃불 피어놓고
온 가족 보름달 같은 두레 밥상 둘러앉아
별이 박히는 저녁밥을 먹는다

여름 밤 볶아대는
풀벌레 소리
까맣게 몰려오면

〉

엄마 별 헤아리다
팔베개에 잠든 아가
밤이슬에 젖는다

완두콩

5형제
나란히

자작나무 이파리 파랗게
젖가슴 부풀어

하늘과 땅 눈맞춤에
알알이 여물어

출산 하는 날
뒤틀리는 산통에
난산의 아픔이여

바위틈에 출산한 셋째
뿌리박을 걱정에
딱따구리 울음
어디에 박혀 울까

고드름

눈의 눈물
추녀 끝
송곳니로 박혀

밤새워
잇몸 시려
앵앵 대더니

아침 햇살
우물우물
잇몸만 남아

웃어도 울어 보이던
울 할머니
빼드렁니 두 개

아침 햇살

문틈에 끼인 햇살
문지방 넘다
문고리 잡고 넘어졌다

어둠 속을 달리던
팽팽한 평행선

꾀꼬리 뱃속
악보 두 줄

거문고에 줄 퉁겨나는
흔들리는 햇살

해설

시의 재배와 수확

홍강리(시인)

1. 시인의 언어

"語不驚人 雖死不休, 시어가 사람을 놀라게 하지 않으면 죽더라도 그만두지 않는다." 시성으로 추앙받던 두보(杜甫)의 말이다. 천하의 두보도 시를 쓰는 일을 가볍게 여기기는 커녕 목숨에 값하는 일로 보았던 것이다.

"詩 三百 一言以蔽之 日 思無邪" 시에는 사특함이 없다는 공자의 말이다. 즉 시에는 진실한 생각만이 담길 수 있다는 뜻이다.

고전적 이야기 하나만 더 들어보자. 가도(賈島)와 한유(韓愈)의 이야기다. 가도가 과거를 보러 나귀를 타고 장안으로

가는 도중이었다. 문득 시상이 떠올라 "鳥宿池邊樹 僧敲月下門-새는 연못가 나뭇가지에서 자고, 스님은 달 아래 문을 두드린다."라는 시구를 지었다. 짓고 보니 '敲'를 써야할지 '推'를 써야할지 생각이 바로 정해지지 않아 고민이 되었다. 나귀 위에서 두드리는(敲 고) 동작과 미는(推 추-퇴) 동작을 반복해 보았다. 누가 보아도 웃을 수밖에 없는 기이한 행동이었다. 이 때 당대의 문장가요 관리로서 경조윤(京兆尹)관직을 수행하기 위하여 한유의 행렬이 그 옆을 지나가는 중이었다. 너무도 골똘한 나머지 가도는 이를 알지 못하고 괴이한 동작만 반복하고 있었다. 수상히 여긴 행렬 중 병사 한 사람이 무례하다 하여 가도를 잡아 한유 앞에 꿇어 앉혔다. 한유에게 결례한 사유를 공손히 밝히자 한유는 가던 길을 멈추고 한참 생각 끝에 '敲'를 쓰는 게 좋겠다는 의견을 말하고 함께 동행하면서 시 쓰기에 관한 의견을 서로 나누었다. 이후로는 서로의 신분상 차이를 뛰어넘어 좋은 문우 사이가 되었다. 송나라 완열(阮閱)이 쓴 시화총구(詩話總龜)의 기록이다.

위의 세 이야기가 공통적으로 드러내놓는 핵심어는 시어의 엄중함이다.

한자어 '詩'를 파자해보면 그 단서를 찾을 수 있다. 시는 말(言)을 재료로 하나의 건축물(寺)을 짓는 것과 같다. 시에 쓰이는 재료는 거짓되고, 조잡하고, 불결한 성정을 완전히

제거해낸 참되고, 순수하고 정결한 것이래야 한다. 절(사찰)을 지을 때 헛간을 뜯어다가 서까래를 삼을 수는 없지 않은가. 여기서 절(사찰)은 절집만을 뜻하는 말은 아니다. 성당일 수도 있고, 이슬람의 모스크 사원일 수도 있고 교회 예배당일 수도 있다. 이들은 모두 성스러운 존재물들이다. 한편 두렵고, 한편 공경하는 마음으로만 접근할 수밖에 없는 외경(畏敬)의 대상이다. 절에 가서, 성당이나 예배당에 가서, 사원에 가서 거짓으로 뉘우치고 허황되게 고백하고 헛되이 약속하겠는가. 시어가 바로 그와 같다. 시의 언어는 참된 언어, 신성한 언어, 개결한 언어라야 한다. 절대로 경망스러워서는 안 된다. 그러므로 시의 언어들은 시인의 진실한 삶을 달여서 우려낸 탕약과 같은 것이라야 한다. 그렇다고 높은 수준의 도덕적 가치만을 전제로 하지는 않는다. 다만 어떤 삶이 진실인가를 묻고 모색하고 명상하는 끝없는 자기 추구물이면 족하다. 이렇게 구축된 세계를 시의 형식으로 보여주는 작업, 이것이 시인이 갈 길이다.

우리의 전통적인 시 창작 습관이나 감상에 있어 시와 시인은 분리되기가 어렵다. 그 시인만이 걸어온 다양한 경험을 통해 습득한 사상, 정서, 인격 등이 작품 속에 그대로 드러나 있기 때문이다. 반영동 시인의 시어적 특성도 이와 다르지 않다.

2. 반영동의 언어

반영동 시인은 두보나 공자나 가도 · 한유처럼 시어 선택에 엄중함이 있다. 곱고 아름다우면서 진실한 시어를 채굴하여 형상화해낸 작품을 통해 이를 증명할 수 있다. 그는 그만큼 진실한 삶을 살아온 사람이다. 자식된 도리로써 부모님을 그리워하는 효성이, 지아비의 위치에서 아내에 대한 사랑이, 가정을 소중하게 여겨 희생으로 보듬고 가꿔가는 가장으로서의 책무가 시로써 가식이나 허세나 빈 말로 채색됨이 없이 매우 진실하게 드러나고 있음이 그 예다. 평면적 구성, 예사로운 표현이 이를 더 높이 들어 올려주지 못한 아쉬움은 있지만, 쉽게 읽혀 즐거움을 주는 가치 또한 간과할 수 없는 시적 효과의 획득임에 분명하다.

달 밝은 밤
술잔마다 달빛 가득

마실수록 달디 단 달빛
나눠 마시면

넘치는 술잔 마다
달빛 물결 찰랑거리며

어미 달 제 새끼 내놓으라
춤추는 시나위

아버지
목구멍 넘어가는
저 달빛
목젖은 그대로 보름달

아버지 무릎 베고 누운
달그림자에
내가 시리다

—「달을 마신다」 전문

봄비 오는 날
나무들
젖 먹이는 소리에
봄이
파랗게 젖는다

봄바람에 손목 잡혀
가지마다

봉긋이
숫는 초록 젖가슴

새순이
뾰족이
세우는
봄의 곳날

—「봄비」 전문

「달을 마신다」와 「봄비」 등 두 편의 시에서 시어 선택의 수준과 오묘한 시어의 배열에 탄성까지는 아닐지라도 박수를 보내는 독자는 많을 줄 안다. 시어 영접의 엄중함이 돋쳐 있기 때문이다. 「달」, 「아버지」, 「나」로 표현된 오브제가 각각의 독립적 관계에서 하나로 일체화되는 융합관계로의 과정이 선순환의 유연성으로 잘 그려져 있다. 시적 이미지의 연착륙에 어느 정도 성공을 거둔 예에 해당한다. 아버지는 분위기에 편승하여 그냥 습관적으로 술을 마시는 대상이 아니다. '달'과 '나'를 연결시켜 주는 메신저다. 샤머니즘(shamanism)에서 달이 천체의 신이라면 아버지는 인간(나)과 신을 연결시켜 주는 제사장의 역할이다. 그 아버지를 통해 나(서정적 자아)의 꿈을 실현하고 동경의 세계를 완성하고 싶은 열망이 명상적으로 나타나 있다. 이는 비단 시인만의 염원은 아닐 것이다. 인간 모두의 염원이다. 인간 모두의 염원을 시인이 대신 표현해 준 것이다.

'봄비' 에서는 '봄비' 의 하강 이미지와 '솟는', '세우는' 의 상승 이미지의 모순이 만나 변증법적 결말을 유도해 낸 작품이다. '봄비' 의 주어는 '봄비' 같지만, 실은 봄비가 내려 엄동설한에 숨죽이고 있던 만물의 생명을 다시 부활시키는 장엄한 자연의 장관을 바라보는 인간이 주어다. 그러므로 자연과 인간이 어울려 감각적으로 육화(肉化)된 서정시의 한 전범을 보여준 예다. 부드럽고 유려한 운율 속에 삭막한 현대를 묻어 버리고 삶의 비애와 탄식이 없는 깨끗한 봄비의 세례를 받고 싶어 하는, 그리하여 새 생명으로 다시 태어나고 싶어 하는 가열찬 소망을 차분한 목소리로 읊조리고 있다. 두 편의 시를 통해 반영동 시인이 추구하는 시적 언어의 양상이 어떤 것이었는가를 탐색해 보는 기회가 되었을 줄 안다. 반영동 시어에 대하여 결론적으로 단언하면, 반시인의 시어는 생활언어와 수사적 언어의 중간지대에 야생화처럼 피어 있는 형상이다.

3. 반영동의 시적 영역

시인의 삶과 작품은 서로 영향을 미치는 상관관계 안에

서, 시인이란 심미지향적 발화를 창조하는 사람이다. 발화는 분명한 경우도 있고, 암시적인 경우도 있다. 기호체계에서의 시로써 시인의 삶과 연관시켜 보면, 직접적이거나 비유적으로 표현된다는 말이다. 실제로 경험한 사실들이 우연히 일어난 것처럼 묘사되더라도, 이것들은 시인이 살아온 삶의 맥락에서 사실로 말미암아 드러나게 되는 의미와 완전히 다른 의미를 작품의 여러 구성 요소에서 지닐 수 있게 된다. 시인의 삶에서 작품으로 전이되어 가는 예로는, 시인이 직접 지각했던 사실들, 또는 시인이 듣거나 읽어서 알게 되는 사실들이 그것이다. 그러므로 이렇게 전이되는 것들은 어느 정도 무의식적이거나 또는 창조의 목적에서 의도적으로 추구해서 얻게 되는, 직접 또는 간접 경험의 문제다.

경험된 현실에 대한 시인의 태도는 대체로 시인의 개인적 성향뿐만이 아니라 당대의 문학 경향에도 좌우된다. 현실에서 작품으로 반추되는 것과 문학의 전통적 주제에서 유래되는 것을 적확하게 변별하기는 어렵겠지만, 그 애매모호한 접경지대가 존재하고 있음도 이해할 필요가 있다. 반영동 시인의 작품에도 경험세계의 형상화인지, 전통적 주제에 대한 구현인지 분별하기 곤란한 여지가 남아 있는데, 대체로는 경험세계에 대한 몰입이 훨씬 강한 편이다. 그래서 그의 시적 영역을, 한 가장으로서 가족과 가정을 중대시하는 미더운 마음씨를 시화한 가창지중(家窓之重), 재치 있는 언변,

유머가 있는 풍경을 다룬 작품을 해학지경(諧謔之景), 전통적인 경조사친의 효성을 노래한 사친지애(思親之愛), 손자에 대한 무한한 애정과 기대를 표현한 사손지정(嗣孫之情) 등 네 개의 묶음으로 분류해 보았다.

가창지중(家窓之重)의 시

일상인 누군들 가정의 중요성을 몰각하고 살아가는 사람 있겠는가. 모두 가정과 가족과 친인척들과의 인연을 소중하게 갈무리해 두고 살아가는 게 우리들의 소박한 행복이다. 그런 행복을 제재로 오랜 세월 동안 시 쓰기를 지속해 온 반 시인이야말로 누구보다도 행복한 사람이다. 행복감에 촉촉이 젖어 써 모은 그의 시들 중에서 특징이 가장 잘 드러나 있는 한두 편의 시만을 여기서는 예시해 보고자 한다.

아들이 먹던 숟가락으로
밥을 먹다보면
제 어미 마른 젖 물어 흔들던
젖꼭지 비린내 난다

아내가 먹던 숟가락으로
밥을 먹다보면
어제 먹다 남긴

찬밥 냄새 난다

아버지가 먹던 숟가락으로
밥을 먹다보면
어금니 빠진 잇몸 자리에서
미끌대던 보리밥알 냄새 난다

어머니가 먹던 숟가락으로
밥을 먹다보면
골방에 묻혀 사시던
시큼한 곰팡이 냄새가 난다

—「가족 냄새」 전문

그 어떤 부연 설명이 필요 없는 작품이다. 연치별 점층법을 써서 「아들」, 「아내」, 「아버지」 「할머니」로 연결되는 이야기에는 시인이 보여주는 그들에 대한 무한한 애정이 풀섶처럼 싱싱하게 일렁거린다. 때론 시인의 주변에 질펀하던 남루와 인고가 가물가물 보일 듯도 하다. 서민적 삶의 고달픔을 이겨 내일의 여유로움을 꿈꾸는 아름다운 비애와 따뜻한 삶의 의지를 엿볼 수도 있다. 무엇보다 중요한 것은, 서정적 자아가 아들도, 아내도, 아버지도 되어본다는 데 있다. 후각적 이미지를 통해 시인은 이미 사소한 승패에 연연하던 동심의 세계로 돌아가 아들이 되기도 하고, 아내를 통해 늘 부뚜막에 쪼그려 앉아 남은 음식만으로 끼니를 해결하던 가난한 우리들 어머니와 할머니의 모습으로 되돌아가 보기도 한다. 비록 스스로 고된 농사일은 안 했을망정 아버지나 할아버지 세대가 겪었던 고난의 세월에 묻혀보기도 한다. 이는 그들과의 일체를 통해서만 가능한 일이다. 가족에 대한 무한 사랑과 동화가 없이는 「젖비린내」, 「찬밥 냄새」, 「보리밥알 냄새」, 「곰팡이 냄새」를 맡을 수 없다.

해학지경(諧謔之景)의 시

흔히 요즘 세상이 너무 삭막하다고 탄식한다. 낭만이 없다고도 한다. 삶의 여유 없음을 바탕에 두고 하는 말이다. 식민지, 분단, 전쟁, 정변, 산업화, 도시화, 전통사회의 붕괴, 개인주의의 팽배 등 부정적 요소들이 몰고 온 결과다. 이 땅에도 시대의 봄이 찾아와 웃음의 미학이 파릇파릇 피어나 주기를 모든 사람들은 간절히 원한다. 이러한 시대의 요청을 반영동 시인은 알고 있다. 독자로 하여금 절로 웃음을 피어나게 하는 여러 편의 시들이 있다. 골계미(滑稽美)를 느끼게 하는 시들이다. 유머(humor), 위트(wit), 익살 등을 요소로 하는 해학미(諧謔美)다. 풍자와 달리 해학은 악의가 없다. 언제나 유연하다. 남을 공격하거나 조롱하거나 단점을

폭로하지 않는 신사적 품격을 지닌다. 그런 시를 쓸 줄 아는 시인 역시 신사다.

침묵으로 말하기 전에는
내 언어가 시끄러운 줄 알지 못했네.

맑은 물에 손 씻기 전에는
내 게으름을 알지 못했네.

고장 난 시계를 보기 전에는
어제의 무의미를 알지 못했네.

문을 닫기 전에는
내가 너에게 갇힌 줄 알지 못했네.

—「알지 못했네」 전문

잘난 시인이 부르는 말
받아 쓸 줄 몰라

몽당연필 눈동자에
모서리와 모퉁이가 부딪혀
당과 땅이 갈라지면

지우개 발바닥에
어스름이 어슬렁거리다
그리움은 그림자만 남긴다

—「받아쓰기」 일부

「알지 못했네」에서는 한껏 멋을 부린 익살과 만날 수 있어 좋다. 재치 있는 능란한 말솜씨다. 우리 모두가 평소에는 위 시와 같은 생각 속에 살아가면서도 미처 깨닫지 못했던 일이다. 잊고 살았던 지혜를 일깨워 주는 시다. 번득이는 기지가 햇살 좋은 가을날 잘 익은 모과 향과도 닮았다. 시인 자신은 물론, 시끄럽고, 혼탁하고, 성찰 없는 세상에 대한 점잖은 타이름이 창호지에 얼비친 달빛 같다. 관습적으로 살아가는 삶, 되돌아보지 않는 삶, 갇혀 있는 삶인지조차 자각하지 못하는 눈 먼 사회적 현상을 해학적 영상을 통해 통렬하게 지적하고 반성하는 자세가 되바라지거나 설익지 않아 거부감이 없어 목에 잘 어울리는 스카프처럼 운치도 있고 다감한 정취도 느낄 수 있는 시다.

「알지 못했네」가 개인 정서의 사회적 확산이라 한다면, 「받아쓰기」는 애초부터 부조리하고 부당한 사회현실에 대한 풍자로 출발하였다. 「잘 난 시인」은 중의적 표현이다. "잘 난 시인" 그 자체일 수도 있지만 정치, 경제, 사회, 문화

예술' 등 각계각층의 권위자, 혹은 지도급 인사를 지칭한 말일 수도 있다. 그들은 남(민중 혹은 반대파)의 의견이나 이론은 다 틀렸다고 한다. 오직 자기주장만 옳다고 한다. 도무지 받아 쓸 수 없을 만큼 이해가 안 된다. 그 결과 당리당략의 파쟁만을 일삼는 붕당의 싸움질로 해가 뜨고 달이 지더니 마침내 나라를 빼앗기고, 광복을 찾았으되 국토가 분단되는 아픔의 나날을 오늘날까지 살고 있지 않은가. 그래서 결국 이산의 그리움, 통일에의 그리움이 한낱 허망한 그림자로만 남아 있지 않은가. 통한의 아픔을 풍자하고 있는 시다.

사친지애(思親之愛)의 시

어머니 말씀마다
꽃들이 톡톡 튀어 나오지요

어머니는 꽃이 피기 전에

송아지가 울면
어미 소를 그리시고
아카시아가 피면
꿀벌을 그리셨습니다

잡초는 칭찬 한번 없이도
꽃만 잘 피운다 하시면서

시가 안 써지면
온 몸 뜨거워 질 때까지
느낌씨로 문질러 보라 하셨습니다

그래도 시가 안 되면
황진이, 김소월 시 속으로 들어가
종달새 한 마리
길러 보라 하셨지요,

—「어머니의 시」 전문

시인의 시 창작 교과서는 책이 아니라 '어머니' 인 게 틀림없다. 어머니는 시의 스승이었고, 어머니는 시의 변함없는 제재였고, 어머니는 사랑의 물결이 출렁거리는 시의 영원한 주제였음을 이 시를 통해 알 수 있다. 그렇다. 시인은 시를 전문적으로 공부하지 않았다. 초등학교 교단을 지키면서 교장으로 일선을 물러나기까지 동심을 밝히는 등불이었다. 그러나 그에게는 '어머니' 라는 위대한 시의 스승이 계셨던 것이다. N, 호손의 '큰 바위 얼굴' 에 등장하는 어니스

트가 자연과 벗하고, 자연에게 배우고, 자연 속의 명상을 통해 자기도 모르는 사이 예언의 인물로 실현된 것처럼, 어머니의 가르침대로 마음속에 꽃을, 마음속에 꿀벌을, 마음속에 큰 시인들을, 마음속에 종달새를 키우다보니 시인이 된 것이다. 모두 어머니로 말미암은 일이었다. 이런 시인의 간절함 때문인지 부모님을 비롯해서 직계존속을 시화한 작품이 대단히 많다. 한결같이 사랑과 그리움의 정서가 절절히 배어 있다.

사손지정(嗣孫之情)의 시

유정물들은 본능적 사랑을 지닌다. 맹목적인 것처럼 보이지만, 실은 세대 계승을 통해 무엇인가를 얻고자 하는 미래에 대한 목적 때문이다. 어제의 세대를 사랑으로 이어받고 오늘의 세대를 사랑으로 이어주고자 하는 종족 보존의 생물학적 절대가치를 실현하기 위함이다.

시인도 그런 욕구의 울타리 안에 더 진한 사랑의 꽃을 피어내고자 했다.

손자 밥상
채소 반찬

가시가 박혔나
씀바귀가 숨었나

네 입술에 단비라도 내려
풀밭에 누런 황소
네 입맛으로 비추어

밥그릇마다
우렁찬 황소울음
가득 담아

네 뒷발질에
넘어진들
내 어이
푸른 멍도 아프다 하랴

—「편식」 전문

손자에 대한 안쓰러움, 손자가 원하는 것을 다 해주지 못하는 할아버지의 안타까움, 편식 때문에 손자 건강에 이상이 생기면 어쩌나 하는 근심과 걱정이 아주 솔직하고도 소박하게 나타나 있다. 시상의 급격한 전개, 과감한 생략법을 쓴 것 이외에는 전혀 특별할 것이 없는 이 작품을 예시작으로 선정한 까닭은 일체의 시적 기교를 부리지 않았다는 데 있다. 조손간에 대인기교가 필요 없듯이 손자에게 쏟는 할아버지의 정성과 사랑에 무슨 기교가 필요하겠는가 싶어서다. 할아버지로서, 다음세대를 걱정하고 사랑하는 기성세대로서의 시인의 수더분한 모습을 충분히 연상해 볼 수 있는 시다.

작품해설이랍시고 장황한 사족을 붙였지만 한 가지 분명한 것은, 반시인은 삶에서 체득한 바를 아주 쉽고 간명하게 시화했다는 점이다. 시가 아닌 넋두리를 시로 만들 줄 아는 재주 있는 시인이 우리 곁에 존재하고 있다는 사실 하나만으로도 큰 기쁨이다. 이 기쁨으로 시인의 앞날을 끝까지 바라보고 싶다. 시의 재배 면적이 더욱 확장되고 작품의 수확량이 더욱 많아져서 다품종, 다수확의 꿈이 실현되기를 바라면서 건필을 빈다.